국어도 풀고, 사회도 풀고, 과학도 풀고

머리를 열자! 열려라 생각!!

"생각 좀 하고 살아라."라는 말이 있습니다. "요즘 애들은 생각이 없다."는 말도 있습니다. 그러고 보니 우리 학생들이 생각이 없기는 없나 봅니다. 그런데 이상합니다. 하루종일 이것저것 공부도 하고 배우는 것도 많고, 머릿속에는 온갖 좋은 것들이 가득할 텐데, 왜 생각이 없다는 것일까요? 생각하는 힘을 줄여 말하면 한마디로 사고력입니다. 사고력이라…… 좋은 말입니다. 그러나 사실 속시원하게 사고력이 무엇인지 들은 적은 없습니다. 사고력이 뭐냐고 남이 물으면 누구도 명쾌하게 대답하기 어렵습니다. 그러나 알고 보면 세상에서 사고력이란 말처럼 간단한 말도 없습니다.

사고력은 생각하는 힘을 말합니다. 생각은 언제 일어날까요? 바로 스스로 무엇인가를 궁금하게 여길 때 비로소 우리는 생각을 하게 됩니다. 학교에서 무엇을 배우면 **'저게 무슨 뜻일까?'** 떠올려야 궁금증이 생기고 스스로 생각하게 됩니다. 궁금한 게 많은 애들이 더 배우고 싶어합니다. 더 배우고 싶어하는 애들이 글도 더 잘 읽고 공부한 효과도 노력한 시간보다 훨씬 높습니다. 당연합니다. 억지로 끌고 가서 소에게 먹인 물과 소가 제 스스로 목이 말라서 벌컥벌컥 마신 물과 같을 수 있겠습니까? 이제 아이를 궁금한 게 많은 아이로 키울 때입니다. 그래야 참고서에서 배운 내용만 외워서 문제를 해결하지 않게 됩니다. 그래야 억지로 시키는 공부가 아니라 스스로 하는 공부가 시작됩니다. 교육은 이제 암기의 천재들이 주도해 온 50년 병폐를 깨고 궁금한 게 많은 아이들을 원하고 있습니다. 이것저것 묻고 반응하고 비판하는 능력이 커지면, 읽기·쓰기·말하기·듣기·국어·독서·논술은 조금만 길을 터 주어도 누구나 잘 할 수 있습니다. 어떻게 하면 생각하는 힘을 키워 줄까를 고민하며 두 번째 책을 내 놓습니다. 첫 호에 보내 주셨던 뜨거운 성원에 감사드립니다.

지은이 **서울대 국어교육학 박사 박학천**

바깔로레아 국어논술

교과서와 논술의 통쾌한 만남

- 국어 사회 과학 + 독서 논술 토론 통합 프로그램입니다.
- 쉽고 부담 없는 자료를 편하게 따라만 가면 저절로 사고력, 독해력, 이해력이 자라는 검증된 프로그램입니다.

단원별 학습 목표 및 구성

week 01 — 발상사고혁명

실질적인 〈발상·사고〉 훈련
- 고정 관념을 깨고, 개성적인 사고를 기릅니다.
- 스스로 질문하고 비판하는 시각과 자세를 기릅니다.

week 02 — 교과서 논술 01

〈국어 능력〉 심화 학습
- 국어 교과서 선행 학습으로 단원의 핵심을 이해합니다.
- 수행평가, 논술형 문항으로 국어과 학습 능력을 키웁니다.

※ 교과서 활용 : 『말하기·듣기』 / 『읽기』

week 03 — 독서 클리닉

실질적인 〈읽기 능력〉 향상 훈련
- 억지로 읽기보다는 읽는 맛과 재미를 알려 줍니다.
- 비판적 읽기, 개성적 읽기로 글을 보는 안목을 키웁니다.

week 04 — 교과서 논술 02

〈국어 능력〉 심화 학습
- 국어 교과서 선행 학습으로 단원의 핵심을 이해합니다.
- 수행평가, 논술형 문항으로 국어과 학습 능력을 키웁니다.

※ 교과서 활용 : 『말하기·듣기』 / 『읽기』

· 병아리도 날 수 있다!

week 05
영재 클리닉 01

사회 교과서를 활용한 영재 심화 학습
■ 통합 교과 시대를 대비, 사회과 학습 테마를 논술로 연결시켜 쉽고 재미있게 초중고 학습 과정의 주요 주제와 쟁점을 알려 줍니다.

※ 교과서 활용 : 『바른 생활』 / 『사회』

week 06
교과서 논술 03

〈국어 능력〉 심화 학습
■ 국어 교과서 선행 학습으로 단원의 핵심을 이해합니다.
■ 수행평가, 논술형 문항으로 국어과 학습 능력을 키웁니다.

※ 교과서 활용 : 『말하기·듣기』 / 『읽기』

week 07
영재 클리닉 02

과학 교과서를 활용한 영재 심화 학습
■ 통합 교과 시대를 대비, 과학과 학습 테마를 논술로 연결시켜 쉽고 재미있게 초중고 학습 과정의 주요 주제와 쟁점을 알려 줍니다.

※ 교과서 활용 : 『슬기로운 생활』 / 『과학』

week 08
논술 클리닉

『쓰기』 교과서를 활용한 논술 훈련!
■ 쓰기 교과서로 쓰기 학습 능력을 키운 후, 생활문에서 본격 논술까지 자신 있게 자신의 견해를 글로 표현하도록 유도합니다.

※ 교과서 활용 : 『쓰기』

차례

발상사고혁명	까만색도 예뻐요!	05
교과서 논술 01	꿈을 펼쳐요	15
독서 클리닉	우리에게 소중한 것	25
교과서 논술 02	내 생각 어때요	35
영재 클리닉 01	가족이 소중해요	45
교과서 논술 03	상상의 나라로 떠나요	53
영재 클리닉 02	약속은 중요해요	63
논술 클리닉	쉿! 그 뒷이야기는 말이야 …	71

책 속의 책 | **GUIDE & 가능한 답변들**

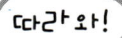

까만색도 예뻐요!

1. 나는 누구일까요?

2. 이 그림에서 이상한 점은 무엇인가요?

3. 이 그림에서 느낀 점은 무엇인가요?

까만색도 예뻐요!

01 색깔마다 느낌이 달라요

1 다음 색깔들을 잘 보고 떠오르는 것들을 써 보세요.

〈 노란색 〉   〈 빨간색 〉   〈 파란색 〉

〈 하양색 〉   〈 까만색 〉   〈 초록색 〉

2 우리 주변에서 한 색깔로 된 것들은 무엇이 있는지 찾아 써 보세요.

빨간색 - _____

하양색 - _____

파란색 - _____

까만색 - _____

3 여러분이 좋아하고, 싫어하는 색깔은 어떤 색깔인가요?

내가 좋아하는 색은요! _____ 이에요.

왜냐하면 _____

내가 싫어하는 색은요! _____ 이에요.

왜냐하면 _____

※ 다음 친구들의 이야기를 잘 읽고 물음에 답하세요.

명환 : 나는 까만색이 싫어. 까만색하면 밤이 떠올라. 깜깜한 밤에는 친구들과 놀 수도 없고, 귀신이 나올 것 같아 무섭거든.

성진 : 나도 까만색이 싫어. 까만색은 예쁜 색이 아니잖아. 까만색에 다른 색을 더해도 똑같이 까만색이 되고, 까만색은 기분이 나쁜 색인 것 같아.

해준 : 난 까만색이 좋은데……. 왜냐하면 까만색 옷을 입으면 날씬해 보이잖아. 그리고, 깜깜한 밤이 되야 별도 보고, 달도 볼 수 있는 거잖아.

4 여러분이 가지고 있는 까만색에 대한 느낌은 어떠한가요? 까만색에 대한 자신의 솔직한 느낌을 써 보세요.

5 까만색은 정말 나쁘기만 할까요? 까만색이라 좋은 점을 두 가지만 찾아 써 보세요.

첫째,

둘째,

02 나도 다른 색 옷 입고 싶어!

※ 다음 그림을 보고 물음에 답하세요.

천사와 악마

1 둘 중에 누가 악마이고 천사일까요?

2 왜 그렇게 생각하나요?

그렇게 생각하는 이유는요!

3 천사와 악마에게 다른 색의 옷을 입혀 주려고 해요. 여러분이 좋아하는 색으로 멋지게 색칠해 보세요.

4 여러분이 만들어 준 옷을 입은 천사와 악마의 모습은 친구들이 한 것과 어떻게 다른가요? 비교해 보세요.

03 까만색이라서 좋아요!

※ 다음 사진을 보고 물음에 답하세요.

〈 흑미 〉　〈 김 〉　〈 자장면 〉
〈 검은콩 우유 〉　〈 숯 〉　〈 초코렛 〉

1 이 사진을 보고, 공통점을 찾아 써 보세요.

2 이 사진 중에서 여러분이 좋아하는 것을 한 가지 선택하세요. 그리고 그것이 왜 좋은지 이유를 써 보세요.

저는 _____ 가(이) 좋아요.

※ 다음 그림을 잘 보고 물음에 답하세요.

3 이 그림은 무엇을 그린 그림일까요?

4 이 그림을 보고 어떤 느낌이 들었나요?

5 그림 속의 친구가 우리에게 인사를 하고 있어요. 여러분도 그림 속의 친구에게 인사말을 건네 보세요.

발상 plus | 까망아 너도 할 수 있어!

※ 다음 글을 잘 읽어 보고 물음에 답하세요.

까망 크레파스

"아유, 심심해."

반짝반짝 빛나는 새 크레파스들은 할 일이 없어 몸을 뒤튼다.

어느 날 노랑이가 튀어나와 새하얀 종이를 발견하고는 자기도 모르게 빙글빙글 돌면서 종이에 나비를 그렸다. 기분이 좋아진 노랑이는 꽃도 그리기 위해 빨강이와 분홍이를 불렀다. 빨강이와 분홍이도 신이 나서 빨강이는 튤립을 그리고 분홍이는 코스모스를 그렸다.

하늘이도 둥글둥글 뭉게구름을 그리고, 파랑이도 휘익휘익 푸른 하늘을 그렸다.

"야, 완성이다!"

크레파스 친구들은 처음 그린 그림에 가슴이 뿌듯했다. 그 때 까망이가 다가와 말했다.

"나도 무얼 그릴까?"

그러자 모두 대답했다.

"까망이는 안 그려도 돼."

"이렇게 예쁘게 그렸는데, 까맣게 되면 안 되잖아."

아무도 까망이를 끼워 주지 않고는, 자기들끼리 더 많이 그리자며 그 위에 또 그림을 그리기 시작했다.

그런데 갑자기 크레파스 친구들이 웅성웅성 말다툼을 했다.

"내가 그린 데다 또 그리면 어떻게 해?"

"너야말로 내가 그린 위에 또 그리고 있잖아?"

크레파스 친구들이 너도 나도 앞다투어 덧칠을 하는 사이에

그림은 엉망진창이 되고 말았다.
　그 때 샤프 형이 풀이 죽어 있던 까망이에게 뭐라고 소곤거렸다. 갑자기 까망이가 다른 친구들이 그린 그림 위에 까맣게 칠하기 시작했다.
　이제 온통 까맣게 되자 모두들 "무슨 짓을 하는 거야?"고 화를 냈다.
　까망이만 따돌려놓고 즐겁게 노는 친구들.
　여러분의 모습이 아닐까요?
　까망이는 도대체 어떤 짓을 한 걸까요? 까망이만 할 수 있는 중요한 일이 있을 것 같습니다.

－『한겨레신문』 2002. 04. 22

1 친구들은 왜 까망이를 따돌렸을까요?

2 만약에 내가 까망이라면 기분이 어땠을까요?

3 까망이가 할 수 있는 일을 여러분이 찾아 주세요.

어떤 소리가 들릴까요?

말하기 | 듣기 교과서 40~47쪽 | 학습 목표: 다양한 소리와 모양을 흉내낸 말을 알아본다.

내용풀이

* **주제** 소리와 모양을 흉내내는 말을 사용하면 좋은 점에 대해 알아본다.
* **중심 소재** 별
* **중심 생각** 냇물에 비치는 별의 모양을 흉내내는 말을 이용하여 생생하게 표현하였다.

1 이 시는 무엇을 노래한 시인가요?

① 별의 모양
② 냇가의 돌의 모양
③ 별이 움직이는 모양
④ 냇물이 흘러가는 모습
⑤ 하늘에 떠 있는 별의 모습

2 별들이 돌다리를 건너뛰는 모양을 흉내낸 말을 써 보세요.

3 냇물에 빠진 별의 모습을 상상하여 그려 보세요.

4 돌다리에 나오는 흉내내는 말을 넣어 짧은 글짓기를 해 보세요.

※ 우리가 알고 있는 동물들의 울음 소리와 모양을 흉내 내는 말로 표현해 보세요.

1

돼지가 밥 달라고 _____ 하고 웁니다.

2

강아지가 반갑다고 꼬리를 _____ 칩니다.

3

담벼락에 고양이가 _____ 하고 웁니다.

4

토끼가 _____ 뛰어 옵니다.

5

어항속에 금붕어가 _____ 하고 놉니다.

6

뱀이 풀밭을 _____ 헤치며 기어갑니다.

시가 생생하게 들려요

읽기 교과서 60~65쪽 | 학습 목표 : 시를 읽고 반복되는 말과 흉내내는 말을 찾아봅니다.

※ 다음 글을 읽고 물음에 답하세요.

- *글의 종류* 시
- *중심 글감* 비
- *중심 생각* 비가 와서 친구들과 놀 수 없어 서운한 마음

비오는 날

조록조록 조록조록 비가 내리네.
나가 놀까 말까 하늘만 보네.

쪼록쪼록 쪼록쪼록 비가 막 오네.
창수네 집 갈래도 갈 수가 없네.

주룩주룩 주룩주룩 비가 더 오네
찾아오는 친구가 하나도 없네.

쭈룩쭈룩 쭈룩쭈룩 비가 오는데
누나 옆에 앉아서 공부나 하자.

1 이 시에 대하여 잘못 말하고 있는 것은 무엇인가요?

① 흉내내는 말이 있습니다.
② 이러한 글을 '시' 라고 합니다.
③ 반복되는 말들이 계속 나옵니다.
④ 비오는 날의 모습을 표현했습니다.
⑤ 이 글의 중요한 글감은 '창문' 입니다.

2 비를 원망하는 지은이의 마음이 나타난 곳은 어떤 부분인지 써 보세요.

3 이 시에서 비가 오는 소리를 흉내낸 말을 모두 찾아 써 보세요.

4 반복된 말을 사용하여 시를 쓰면 느낌이 어떤지 써 보세요.

※ 다음 글을 읽고 물음에 답하세요.

참새

엄마 참새 포르르
어디 가느냐?

아기 참새 포르르
어디 가느냐?

포르르 아기 참새
찾아간다네.

포르르 엄마 참새
찾아간다네.

엄마 참새 아기를
찾아가 짹짹.

아기 참새 엄마를
만나서 짹짹.

1 이 시에서 소리와 모양을 흉내낸 말을 찾아 써 보세요.

소리를 흉내낸 말 : _____

모양을 흉내낸 말 : _____

2 이 시를 읽고 느낀 점을 그림으로 그려 보세요.

내 눈으로 보는 교과서 03 | 동네한바퀴야, 고마워!

읽기 교과서 68~75쪽 | 학습 목표 : 상대방의 입장에서 생각해 봅니다.

※ 다음 글을 읽고 물음에 답하세요.

* **글의 종류** 동화
* **중심 글감** 똘이의 오른쪽 운동화 오른쪽이, 똘이네 강아지 동네한바퀴
* **중심 생각** 상대방의 입장에서 이해하고, 양보하는 마음을 갖자

❶ **도망** : 피하거나 쫓겨 달아나는 것
❷ **생신** : 생일의 높임말
❸ **배웅** : 떠나가는 손님을 따라 나가 작별하여 보내는 것
❹ **낯선** : 눈에 익지 않은, 잘 모르는
❺ **기웃거리면서** : 무엇을 보려고 고개나 몸을 기울이면서
❻ **마침내** : 마지막에 드디어

오른쪽이와 동네한바퀴

　동네한바퀴는 똘이네 강아지 이름입니다. 강아지가 보이지 않으면 가족들은 웃으며 이렇게 말합니다.
　"동네한바퀴가 또 동네를 한 바퀴 도는 모양이야."
　대문에 들어서자, 동네한바퀴가 꼬리를 흔들며 달려왔습니다. 나는 동네한바퀴를 걷어찼습니다. 동네한바퀴는 깨갱 소리를 내며 도망갔습니다. 그 날부터 나는 동네한바퀴를 보기만 하면 걷어찼습니다.
　똘이 할아버지의 생신이 되었습니다. 손님들이 많이 오셔서 현관 밖까지 신발이 가득하였습니다. 똘이는 나를 휙 벗어 던져 놓고 방으로 들어갔습니다. 그런데 손님들이 집으로 돌아가실 때 일이 생겼습니다. 이 할아버지가 툭차고 저 할아버지가 툭툭 차는 바람에 나는 그만 대문 밖까지 떠밀려가고 말았습니다.
　"안녕히 가세요."
　대문 앞에서 똘이 엄마는 손님들을 친절하게 배웅하였습니다. 그러고 나서 대문을 닫고 들어가 버렸습니다.
　"나 좀 데리고 들어가세요."
　㉠ **나는 큰 소리로 외쳤지만, 똘이 엄마도, 똘이 아빠도 알아듣지 못하였습니다.**
　그 때 운동화가 자박자박 다가오더니 나를 뻥 찼습니다. 나는 공중에 붕 떴다가 길 한복판에 툭 떨어졌습니다.
　이번에는 또각또각 소리가 가까워지더니 뾰족구두 굽이 나를 콕 찔렀습니다. 너무 아팠습니다.
　부릉부릉 오토바이가 다가왔습니다.
　"으악! 사, 살려 줘!"
　나는 눈을 질끈 감았습니다. 정신을 차려 보니 낯선 담

벼락 아래였습니다. 그 동안 얼마나 차이고 밟혔던지 나는 몹시 구질구질해졌습니다. 그만 찔끔찔끔 눈물이 났습니다. 캄캄한 밤이 지나고 날이 밝았습니다. 저 쪽에서 동네한바퀴가 꼬리를 살래살래 흔들며 다가오는 것이 보였습니다. 여기저기 기웃거리면서 킁킁 냄새를 맡는 동네한바퀴가 나는 무서웠습니다.

ⓒ '동네한바퀴가 나를 보면 어쩌지? 이빨을 드러내며 으르렁거리겠지? 그 뾰족한 이빨로 나를 물어뜯을 거야.'

마침내 동네한바퀴가 내게 코를 들이대고 킁킁거리며 냄새를 맡기 시작하였습니다.

"제발 물어뜯지만 말아 줘."

그런데 이게 웬일이지요? 동네한바퀴가 꼬리를 살래살래 흔들며 반갑다고 인사를 하는 것이었습니다. 멍멍 하늘을 향해 짖더니 나를 덥석 물고 집으로 달려갔습니다.

ⓒ "동네한바퀴야, 고맙다. 다시는 아무도 걷어차지 않을게."

ⓔ 인제 나는 다른 놀이를 찾아보아야겠습니다. 아마 빨간 구두도 나를 이해해 주겠지요?

1 똘이네 강아지를 '동네한바퀴'라고 부르는 이유를 써 보세요.

_____
_____
_____

2 할아버지의 생신날 오른쪽이는 어떻게 되었나요?

① 대문 밖으로 떠밀렸습니다.
② 똘이와 놀이터에 갔습니다.
③ 동네한바퀴를 걷어찼습니다.
④ 동네한바퀴에게 물어뜯겼습니다.
⑤ 심심해서 빨간 구두와 밖에서 놀았습니다.

3 ㉠의 '나'는 누구일까요?

① 똘이
② 오른쪽이
③ 할아버지
④ 뾰족구두
⑤ 동네한바퀴

4 ㉠에 나타난 '나'의 마음은 어떨지 상상해서 써 보세요.

_____

5 오른쪽이는 왜 ㉡과 같은 생각을 했을까요?

_____

6 오른쪽이가 ㉢과 같이 말한 까닭은 무엇일까요?

_____

7 ㉣이 뜻하는 것은 무엇일까요?

① 얌전히 있겠다는 뜻
② 계속 발로 차겠다는 뜻
③ 아주 가끔씩만 발로 차겠다는 뜻
④ 발로 차는 버릇을 고치겠다는 뜻
⑤ 동네한바퀴말고 다른 것을 차겠다는 뜻

8 이 글에서 소리를 재미있게 흉내낸 말을 찾아 써 보세요.

① 운동화가 _____ 다가오더니 나를 ___ 찼습니다.

② _____ 소리가 가까워지더니 뾰족구두 굽이 나를 ___ 찔렀습니다.

③ _____ 오토바이가 다가왔습니다.

9 이 글에서 소리를 재미있게 흉내낸 말을 찾아 써 보세요.

① 동네한바퀴가 꼬리를 _____ 흔들며 다가오는 것이 보였습니다.

② 동네한바퀴가 내게 코를 들이대고 _____ 냄새를 맡기 시작했습니다.

③ 멍멍 하늘을 향해 짖더니 나를 _____ 물고 집으로 달려갔습니다.

※〈보기〉와 같이 우리 주변의 물건들의 이름을 재미있게 만들어 봐요.

| 보기 |

나의 이름은

쓱싹 쓱싹 이에요.

1
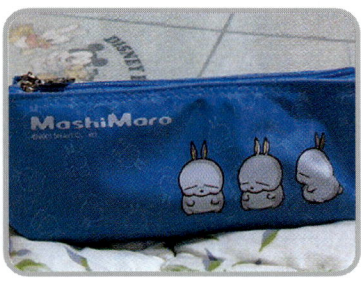

나의 이름은

_____이에요.

2
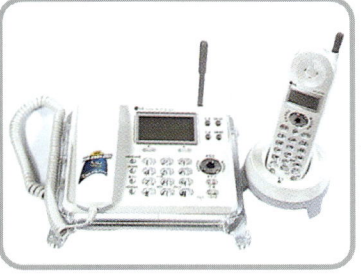

나의 이름은

_____이에요.

3

나의 이름은

_____이에요.

  재미있는 받아쓰기

※ 재미있는 받아쓰기

1
2
3
4
5
6
7
8
9
10

재미있는 받아쓰기

우리에게 소중한 것

『신기한 맷돌』 마음으로 읽기

내 보물?

소중한 보물을 담는 보물 상자예요.
나의 보물 1호는 무엇인가요?

신기한 맷돌

01 신기한 맷돌을 내 손안에

※ 다음 글을 읽고 물음에 답하세요.

옛날 한 임금님이 세상에서 제일 귀한 맷돌을 가지고 있었어요.

맷돌은 원래 곡식의 껍질을 까는 도구인데, 임금님의 맷돌은 원하는 것을 말하면 원하는 것이 쏟아져 나오는 신기한 맷돌이었어요. "쌀 나와라" 하면 쌀이 나오고, "돈 나와라" 하면 돈이 나왔지요.

임금님은 이 맷돌을 가지고 불쌍한 백성들을 돕는 곳에 썼어요.

어느 날, 신기한 보물이 임금님이 계신 대궐에 있다는 소문을 듣게 된 도둑은 맷돌을 훔쳐오고 싶었어요. 그러나 도둑은 대궐에 들어갈 수 없었어요. ㉠ **궁궐에 들어갈 방법을 생각하다가 선비 차림을 하고 대궐을 드나드는 재상을 찾아갔어요.**

"사람들이 그러는데 임금님은 신하들을 의심해서 신기한 맷돌을 땅에 묻어 둔다면서요?"

"아니, 무슨 말이냐? 임금님이 신하들을 의심하다니? 감히 누가 그런 소리를……. 임금님은 그 맷돌을 대궐 안뜰 연못가에 두신단다."

"대궐 안뜰 연못가에 둔다고요? 그 신기한 맷돌을 누가 훔쳐 가면 어쩌려고요?"

"연못가에는 많은 사람들이 오가는데 누가 감히 맷돌을 훔쳐가겠느냐?"

재상의 말을 들은 도둑은 신기한 맷돌이 어디에 있는지 알아내었어요.

'옳지! 바로 그거야!'

도둑질은 나쁜 거야!

1 도둑은 왜 임금님의 '신기한 맷돌'을 훔치려고 하는 것일까요?

2 ㉠과 같이 도둑이 변장을 하고 재상을 찾아간 이유는 무엇일까요?
① 임금님을 만나기 위해서
② 재상에게 부탁할 것이 있어서
③ 재상의 심부름을 하기 위해서
④ 재상에게 맷돌을 팔기 위해서
⑤ 맷돌이 있는 곳을 알아내기 위해서

3 임금님은 '신기한 맷돌'로 백성들을 위해 어떻게 사용했을까요?

임금님은 '신기한 맷돌'로 백성들이

썼어요.

4 도둑이 임금님의 '신기한 맷돌'을 갖게 된다면 어떤 일이 일어날까요? 상상해서 써 보세요.

만약에 도둑이 임금님의 '신기한 맷돌'을 가지게 된다면……

02 나도 이제 부자다!

※ 다음 글을 읽고 물음에 답하세요.

　밤이 되자 도둑은 대궐을 뛰어 넘어 들어가 연못가에 놓여있는 신기한 맷돌을 들고 나왔어요.
　도둑은 맷돌을 가지고 이웃나라로 도망가기로 결심했어요. 그래서 배 한 척을 훔쳐 맷돌을 싣고 노를 저었어요.
　배가 바다 한 가운데로 가고 있는데 도둑은 귀한 맷돌에서 어떤 것을 나오게 할까 생각을 했어요. 쌀, 보리, 콩, 팥 모두 좋을 것 같았어요.
　'아니야! 쌀, 보리, 콩, 팥은 쉽게 구할 수 있으니까 금방 부자가 될 수 없을 거야.'
　도둑은 벼락같이 부자가 되고 싶어서 구하기 힘들고, 빨리 팔릴 수 있는 물건을 생각했어요.
　"그래! 소금을 나오게 해야겠다. 소금을 산더미처럼 나오게 하면 난 벼락부자가 될 수 있어. 맷돌아! 소금을 나오게 해 다오."

　　　　　　　㉠

　그러자 조금 후에 맷돌이 빙그르 돌더니 하얀 소금이 싸르르 쏟아져 내렸어요.
　"아니! 이게 정말 소금이야? 난 이젠 부자다. 하하하."
　그러나 배는 소금 때문에 점점 무거워졌고, 바다 속으로 가라앉았어요. 욕심 많은 도둑도 배와 함께 가라앉았답니다.
　그 신기한 맷돌은 지금도 바다 속에 가라앉아서 소금을 쏟아내고 있어서 그때부터 바닷물이 짜다는 이야기가 전해져 내려 옵니다.

1 도둑은 '신기한 맷돌'에게 무엇을 만들어 달라고 했나요?

2 도둑은 왜 임금님의 맷돌로 소금을 나오게 했을까요? ㉠에 들어갈 이유를 써 보세요.

3 이 글이 주는 교훈은 무엇일까요?

4 욕심과 관계가 <u>없는</u> 속담은?

① 청개구리가 울면 비가 온다.
② 같이 우물 파고 혼자 먹는다.
③ 욕심은 끝이 없고 불평은 한이 없다.
④ 바다는 메워도 사람의 욕심은 못 메운다.
⑤ 아흔 아홉 마리 가진 목동이 한 마리 가진 목동을 시기한다.

5 임금님의 맷돌을 훔친 도둑에게 따끔한 충고 한 마디를 해 주세요.

네 이놈 도둑아!

03 '신기한 맷돌'을 갖게 된다면…

※ 다음 그림을 보고 물음에 답하세요.

1. 여러분은 신기한 맷돌로 어떤 것을 만들어 보고 싶나요? 생각해 보고, 그 이유를 써 보세요.

나는 _____ 가(이) 많으면 좋겠어요.

왜냐하면 _____

2 만약에 여러분이 원하는 것이 많이 생긴다면 좋을까요? 나쁠까요?

좋아요!

싫어요!

3 많으면 좋은 것과 많으면 나쁜 것은 무엇이 있는지 써 보세요.

① 많았으면 좋겠어요	② 이건 많으면 안돼요

4 3번의 ②에서 쓴 답들이 왜 많으면 안 되는지 이유를 써 보세요.

만약에   가(이) 많으면요……

04 혼자만 좋은 건 옳지 않아요

※ 다음 글을 읽고 물음에 답하세요.

임금님 : 맷돌을 도둑이 훔쳐가서 아쉽기는 하지만 우리 백성들은 이웃끼리 서로 돕고, 이해하며 살기 때문에 맷돌이 없어도 행복하게 살 수 있지.
　맷돌로 많은 물건을 만드는 것도 좋지만 더 중요한 것은 좋은 것도 나누어 쓰고, 서로를 생각하고 위하는 마음이 더 중요한 거지. 허허허.

: 이제 맷돌을 내가 가지게 되었으니까 난 이제 부자가 될 거야. 이렇게 좋은 물건을 다른 사람들과 나누어 쓸 수는 없지. 몰래 숨겨두고 나 혼자 쓰면 다른 사람들보다 훨씬 부자가 되고 좋을 텐데 말이야.

1 임금님과 도둑 중 누구의 생각이 옳다고 생각하나요?

2 도둑의 생각은 무엇이 잘못 되었나요? 친구들과 이야기해 보세요.

3 여러분도 욕심을 부려본 적이 있나요? 어떤 일이 있었는지 솔직하게 써 보세요.

※ 다음 그림을 보고 물음에 답하세요.

4 이 그림에서 임금님이 소중하게 생각한 것은 무엇인가요?

5 여러분은 어느 때 가장 기분이 좋고 행복할까요?

내가 가장 기분이 좋을 때는요!

6 여러분도 남을 도와준 적이 있나요? 그 때의 기분이 어땠는지 써 보세요.

독서 plus | 정말! 어처구니가 없군

※ 다음 글을 읽고 물음에 답하세요.

'어처구니'는 무엇에 쓰는 물건인고!

우리는 가끔 생각하지도 못했던 일, 황당한 일, 기막힌 일을 겪었을 때 '어휴! 정말 어처구니가 없네'라는 말을 사용하는 경우가 있어요.

그런데 혹시 여러분은 이 말의 정확한 뜻을 알고 있나요?

맷돌은 우리 조상들이 곡식의 껍질을 벗기거나 갈 때 사용하는 기구라는 사실을 알고 있지요?

이 때 '어처구니'란 맷돌에 있는 손잡이를 말한답니다. 그러니까 이 어처구니가 없으면 아무것도 할 수 없으니 얼마나 답답하고 황당하겠어요?

1 여러분도 황당했던 일을 이야기해 보세요.

내 생각 어때요

『말하기·듣기』·『읽기』_ **넷째 마당** (1) 「내 의견」 (2) 「서로 다른 생각」

내 말 좀 들어줘!

말하기 듣기 교과서 60~63쪽 | 학습 목표: 바른 자세와 알맞은 목소리로 내 생각을 말할 수 있다.

내용풀이

*주제 바른 자세로 듣고, 이야기 합니다.

1 여우는 어떤 자세로 친구들 앞에서 이야기 하고 있나요?

_____

2 여우가 말하는데 동물들이 어떤 자세로 듣고 있나요?

원숭이 : _____

기 린 : _____

하 마 : _____

토 끼 : _____

3 말하는 자세가 바른 어린이는 누구인가요?

① 미애 : 두리번 거리며 말하였습니다.
② 민철 : 책을 읽는 것처럼 말하였습니다.
③ 규희 : 부정확한 발음으로 큰 소리로 말했습니다.
④ 혜인 : 고개를 숙이고 작은 목소리로 말하였습니다.
⑤ 연홍 : 듣는 사람들을 바라보며 또박또박 말하였습니다.

4 수줍게 말하는 여우에게 어떤 말을 해 주면 좋을까요?

_____

_____

_____

5 다른 사람의 이야기를 들을 때 어떻게 해야 하는지 두 가지만 써 보세요.

① _____

② _____

열린교과서

※ 나의 말하기 자세를 평가하려고 해요. 여러분이 해당하는 곳에 ○해 보세요.

1 자신 있게 말합니다.   (   )

2 말을 천천히 합니다.   (   )

3 필요 없는 말은 하지 않습니다.   (   )

4 정확한 발음으로 이야기합니다.   (   )

5 듣는 사람들을 바라보며 이야기합니다.   (   )

6 알맞은 표정과 몸짓을 하며 이야기합니다.   (   )

7 앉거나 서서 말할 때 바른 자세로 이야기합니다. (   )

8 듣는 사람이 모두 들을 수 있도록 알맞은 크기의 목소리로 또렷하게 이야기합니다.   (   )

선생님 다 했어요!

○가 6~8개 : 말하는 자세가 아주 훌륭해요! 모두 박수!
○가 3~5개 : 한 가지만 고치면 좋겠어요. 자! 힘내서 파이팅!
○가 0~2개 : 실망하지 마세요. 지금부터 노력하면 돼요.

내 눈으로 보는 교과서 02 | 이젠 제가 할 거예요

읽기 교과서 86~93쪽 | 학습 목표: 가리키는 말에 대해 알 수 있다.

※ 다음 글을 읽고 물음에 답하세요.

- *중심 글감 숙제 로봇
- *중심 생각 자신이 할 일을 남에게 미루지 말자.

낱말풀이

1. **꾸러미**: 뭉치어 싼 물건
2. **실컷**: 원하는 대로 모두
3. **금세**: 금방 빨리
4. **게으른**: 행동이 느리고 움직이기 싫어하는
5. **깜짝**: 갑자기 놀라는 모양
6. **울먹이며**: 금방이라도 울음을 터뜨릴 듯 하며
7. **쓸모**: 쓸 만한 가치, 쓰일 곳
8. **스스로**: 자기 힘으로

숙제 로봇의 일기

오늘은 수영이의 생일입니다. 수영이 아버지께서 커다란 선물꾸러미를 들고 오셨습니다.

"㉠ **이것**은 숙제를 해 주는 로봇이란다. 숙제하기를 싫어하는 수영이에게 아주 좋은 선물이지. 왼쪽 뺨을 살짝 건드리면 숙제를 해 주는 거야. 그림 숙제도 해 주지."

수영이는 매우 기뻤습니다. ㉡ **오늘은 숙제가 많은데 이제 걱정할 필요가 없게 되었습니다.**

수영이는 실컷 놀다가 밤 아홉 시가 되어서야 로봇 앞에 앉았습니다. 수영이는 로봇의 뺨을 살짝 건드리며 말하였습니다.

"선생님께서 내주신 글쓰기 숙제야."

로봇은 필통을 열고 연필을 쥐는가 싶더니 얼른 다해 냈습니다.

"찌르릉! 다 썼습니다."

수영이는 놀랍고 신기해서 손뼉을 쳤습니다.

〈중략〉

"로봇아, 오늘 일기를 써다오."

로봇은 일기를 써서 내놓았습니다. 수영이는 기뻐하며 그것을 읽어 보았습니다.

 ○월 ○일 맑음
날씨가 더웠다. 나는 수영이의 쓰기 숙제와 그림 숙제를 해 주고, 지금 일기까지 써 주고 있다. 수영이는 게으른 아이다. 얼마나 게으르면 숙제를 기계에게 시킬까?

수영이는 깜짝 놀랐습니다.

"이것은 내 일기가 아니야. 네 일기지. 내 일기를 써 달

란 말이야."
로봇은 다시 일기를 쓰기 시작하였습니다.

○월 ○일 맑음
　수영이가 일기를 써 달라고 해서 써 주었다. 그랬더니 화를 막 내며 자기 일기를 써 달란다. 수영이가 오늘 하룻동안 어디 가서 무엇을 했는지 내가 어떻게 알고 일기를 쓴단 말인가?

"찌르릉! 다 썼습니다."
수영이는 다시 일기를 읽고 울먹이며 말하였습니다.
"다시 써! 다시 쓰란 말이야. 내 일기를 쓰란 말이야."
로봇은 다시 일기를 쓰기 시작하였습니다.

○월 ○일 맑음
　수영이가 또 일기를 쓰란다. 그런데 수영이가 걱정이다.
　수영이의 선생님께서는 수영이를 글 잘 쓰는 아이로 믿으실 것이다. 반 대표로 글쓰기 대회에 내보내실지도 모른다.
　그 때에는 내가 도와 줄 수 없겠지. 수영이는 꼴찌를 하고 창피를 당할 것이다.
　그렇지만 선생님께서는 다시 생각하실 것이다.
　'수영이가 글쓰기는 어쩌다 실수를 했겠지만 그림은 잘 그리겠지.'
　수영이는 그림그리기 대회에서도 꼴찌 점수를 맞을 것이다.
　이런 수영이가 자라면 어떤 사람이 될까?

수영이는 일기를 읽고, 이번에는 화내지 않았습니다.
"네 말이 맞아. 숙제는 내가 해야 되겠는걸."
수영이는 로봇을 안고 아버지께 갔습니다.
"아버지, 숙제 로봇을 돌려 드릴게요. 저에게는 쓸모없는 물건이에요."

1 '㉠ 이것'은 무엇을 가리키는 것일까요?

2 수영이가 ㉡과 같이 생각한 이유는 무엇일까요?

3 수영이가 일기를 왜 다시 써 달라고 했나요?

① 로봇이 글씨를 못썼기 때문에
② 로봇이 자기 일기를 썼기 때문에
③ 일기를 쓰는 로봇이 신기했기 때문에
④ 일기의 내용이 거짓말이었기 때문에
⑤ 자기의 말을 잘 듣는지 실험해 보기 위해서

4 로봇이 수영이에게 게으른 아이라고 한 이유는 무엇인가요?

5 로봇이 왜 일기를 쓸 수 없다고 했나요?

6 아버지께 로봇을 돌려 드린 이유는 무엇인가요?

열린 교과서

※ 나에게 무엇이든 할 수 있는 만능 로봇이 생긴다면 어떤 것을 부탁하고 싶은가요?

삐리리리! 시켜만 줘!

내 눈으로 보는 교과서 03 | 내 생각에는 말이야

읽기 교과서 96~99쪽 | 학습 목표 : 의논을 통해 여러 개의 의견을 하나의 의견으로 만들 수 있다.

※ 다음 글을 읽고, 물음에 답하세요.

*중심 글감 내가 살고 싶은 집
*중심 생각 자신의 주장을 이야기하고, 의견이 서로 다를 때 어떻게 해야 하는지 생각해 봅니다.

❶ 의논 : 어떤 일에 대해 서로 이야기하는 것
❷ 척척 : 일이 앞뒤가 잘 맞게, 차례대로 일이 잘 되어 나가는 모양
❸ 여행 : 볼일이나 구경할 목적으로 다른 고장이나 다른 나라에 가는 일

어떤 집을 만들면 좋을까요?

성욱: 나는 동화책에서 아름다운 집을 보았어. 언덕 위에 세워진 통나무집인데, 주변에는 꽃과 나무들이 많아서 경치가 좋아 보였어. 나는 그렇게 아름다운 집에서 살고 싶어.

민희: 경치가 아름다운 집에서 살면 참 좋겠다. 그런데 나는 사람들이 많이 살 수 있는 큰 집을 만들었으면 좋겠어. 방이 여러 개 있으면 친구들과 모여서 즐겁게 지낼 수 있을 거야.

재영: 나는 집안일을 기계가 알아서 척척 해 주는 집을 만들고 싶어. ㉠ **그런 집**에서는 내가 내 방 청소를 하지 않아도 되잖아? 나 대신 기계가 청소를 해 주면 정말 편할 거야. 우리 ㉡ **그런 집을 만들어 보자.**

유진: 나는 자동차처럼 움직이는 집을 만들었으면 좋겠어. 그런 집이 있으면 집 안에 있으면서도 가고 싶은 곳은 어디에나 갈 수 있잖아? 나는 그런 집에 살면서 여러 곳을 여행하고 싶어. 내 생각 어떠니?

㉢ **친구들의 생각은 서로 달랐습니다.** 성욱이와 친구들은 서로 좋다고 생각한 의견을 모았습니다. 그래서 경치가 아름답고, 방도 많고, 집안일을 기계가 해 주는 집을 만들기로 하였습니다. 그리고 여행할 때에 집처럼 사용할 수 있는 커다란 자동차도 만들어 마당에 놓아 두기로 하였습니다.

친구들은 모두 즐거워하며 다 함께 만들기를 하였습니다.

1 성욱이와 친구들은 무엇에 관해 이야기하고 있나요?

_____

2 ㉠과 ㉡이 가리키는 '그런 집'은 무엇인가요?

① 동화책에 나오는 집
② 방이 여러 개인 큰 집
③ 자동차처럼 움직이는 집
④ 집 안 청소를 내가 하는 집
⑤ 기계가 집안일을 알아서 척척 해 주는 집

3 유진이가 살고 싶은 집은 무엇인가요?

① 경치가 아름다운 집
② 방이 여러 개 있는 큰 집
③ 동화책에 나오는 아름다운 집
④ 기계가 집안일을 척척 해 주는 집
⑤ 자동차처럼 움직여서 여행을 할 수 있는 집

4 ㉢처럼 생각이 서로 다를 때는 어떻게 해야 할까요?

① 나의 생각이 옳다고 주장합니다.
② 다른 사람의 의견을 무시합니다.
③ 어느 것이 좋은지 말하지 않습니다.
④ 친구의 생각이 옳다고 무조건 말합니다.
⑤ 친구들과 나의 생각 중에 서로 좋다고 생각한 의견을 모읍니다.

5 친구들과 의견이 달라서 싸운 적은 없나요? 자신의 경험을 적어 보세요.

_____
_____
_____
_____
_____

1 여러분은 어떤 집에서 살고 싶나요? 여러분이 상상하는 집을 그려 보세요.

2 여러분이 그린 집의 특징을 써 보세요.

환경을 생각해요!

※ 다음 포스터를 보고 물음에 답하세요.

1 마시마로가 무엇을 보고 놀란 것일까요? 우리 주변에서 환경 오염이 나타나고 있는 현상을 찾아 써 보세요.

---

2 우리의 환경을 깨끗하게 지키기 위한 방법에는 어떤 것이 있는지 친구들과 이야기해 보세요.

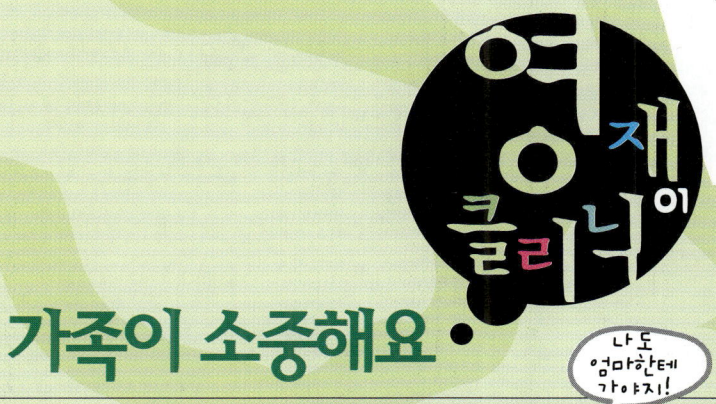

가족이 소중해요

『바른생활』_ 6단원 「즐거운 우리 집」

이 그림을 보고 어떤 느낌이 드는지 이야기해 보세요.

Step 01 우리 가족이 최고예요!

※ 다음 글을 읽고 물음에 답하세요.

우리 가족은 멋져요!

　허리가 정말 유연한 우리 아빠! 우리 아빠는 우리 아파트에서 제일 허리가 유연한 아저씨랍니다. 지난 일요일에 아파트 체육대회가 있었는데 훌라후프 돌리기 경기에서 1등을 하셨거든요.
　그렇다고 우리 아빠는 배가 안나왔냐구요? 아니요! 이건 정말 비밀인데 내가 아빠를 안으면 손이 닿지 않는답니다.
　우리 엄마의 손은! 무엇이든 척척 손으로 만드신답니다. 조끼와 동생이 쓰고 있는 모자, 또 겨울에 쓰는 장갑과 스웨터, 방석, 쿠션 모두를 엄마가 만드신 거예요. 그래서 이웃집 아주머니들도 우리 엄마한테 배우러 우리 집에 오시기도 한답니다.
　나는 미래의 빌 게이츠 박사!
　조금 부끄럽지만 이번에 학교에서 열린 어린이 컴퓨터 박사 1등 상을 탔어요. 제가 만든 홈페이지가 1등을 했거든요. 더 열심히 컴퓨터 공부를 해서 빌 게이츠 아저씨보다 더 훌륭한 컴퓨터 박사가 되고 싶어요.
　내 동생 보배는 우리 동네의 명물이에요. 우리 동네에서 보배와 우리 집 강아지 똘똘이를 모르는 사람은 아마 없을 거예요. 똘똘이는 보배가 시키는 일은 무엇이든 척척 해요. 물건을 가져오라면 가져오고, 심부름도 같이 가고, 보배가 움직이지 못하게 하면 그대로 있거든요. 이런 것들이 동네에 소문이 났어요. 놀랍죠?

1 보람이네 가족은 누구누구인가요?

_____

2 보람이네 엄마가 잘 하시는 것은 무엇인가요?
① 컴퓨터를 잘 하십니다.
② 훌라후프를 잘 하십니다.
③ 강아지와 함께 잘 지내십니다.
④ 컴퓨터 대회에서 1등을 했습니다.
⑤ 모자와 조끼, 장갑 등을 직접 만들어 주십니다.

3 보람이네 가족과 우리 가족을 비교해서 써 보세요.

	보람이네 가족	우리 가족
가족은 모두 몇 명인가요?		
아빠가 제일 잘 하시는 것은 무엇인가요?		
엄마가 제일 잘하시는 것은 무엇인가요?		
내가 제일 잘 하는 것은 무엇인가요?		

이상한 가족

※ 다음 그림은 일요일날의 가족의 모습입니다. 두 그림을 잘 보고 물음에 답하세요.

1 ①과 ②의 그림에서 받은 느낌을 각각 말해 보세요.

①	②

2 ② 민호네 가족을 ① 예민네 가족처럼 화목하게 만들어 주려면 어떻게 해야 할까요?

3 여러분의 가족은 두 그림 중 어떤 모습인가요? 지난 휴일 저녁의 여러분 가족의 모습을 설명해 보세요.

4 우리 가족을 위해 내가 할 수 있는 일은 무엇이 있을까요? 세 가지만 써 보세요.

①

②

③

Step 03 내가 만약 어른이라면……

※ 타임머신을 타고 여러분의 40년 후의 모습을 보기 위해 미래로 갔어요. 다음 그림을 보고 물음에 답하세요.

1. 이 그림의 아이들은 여러분의 40년 후의 자녀들의 모습이에요. 네 가지의 그림 속의 아이에게 하고 싶은 말을 써 보세요.

①

②

③

④

영재 plus | 우리 가족 신문을 만들어요!

※우리 가족 신문을 만들려고 해요. 그림도 그리고, 사진도 붙이고, 마음껏 만들어 보세요.

네 가족 신문

○○○○년 ○○월 ○○일

* 우리 가족은 이렇게 생겼어요.

〈아빠〉   〈엄마〉   〈나〉   〈동생〉

* 우리 가족 자랑

숨쉬자! 숨쉬자!

1 아빠가 엄마와 내게 바라는 것은?

　　엄마 : _____

　　나 　: _____
　　　　　_____

2 엄마가 아빠와 내게 바라는 것은?

　　아빠 : _____

　　나 　: _____
　　　　　_____

3 내가 부모님께 바라는 것은?

* 알림판	* 이번 달 우리 가족 행사는?

상상의 나라로 떠나요

『말하기·듣기』·『읽기』 _ 다섯째 마당 (1)「마음의 선물」 (2)「꿈을 가꾸는 동산」

어떤 소리가 날까요?

말하기 듣기 교과서 82쪽 | 학습 목표 : 인물의 말과 행동에 어울리게 읽어 봅시다.

※ 다음 글을 읽고 물음에 답하세요.

* **주제** 이야기를 잘 듣고, 떠오르는 장면을 말해 본다.
* **중심 생각** 나보다 다른 사람을 위하는 마음을 가져 봅니다.

1 검정 말이 가장 늦게 들어온 이유는 무엇인가요?

① 출발을 늦게 했기 때문에
② 달리기를 하다가 힘들었기 때문에
③ 달리기를 하다가 넘어졌기 때문에
④ 엄마 노루와 인사를 나누었기 때문에
⑤ 아픈 아기 노루를 병원에 데려다 주었기 때문에

2 들려준 이야기 속에서 누가 제일 처음으로 들어왔나요?

_____

3 검정 말의 행동에 대해서 여러분은 어떻게 생각하나요?

_____
_____

4 소가 검정 말에게 금메달을 걸어 주었을 때 다른 동물들의 기분은 어땠을까요?

___

5 금메달을 검정 말에게 걸어준 소의 행동을 여러분은 어떻게 생각하나요?

___

※ **다음 글을 읽고, 물음에 답하세요.**

> 학교 갔다가 집에 돌아와 보니 아기 고양이 '삐삐'가 없어졌어요. 그런데 그때 '삐삐'가 대문 밑으로 해서 들어오는 거예요. 하얀 털은 새까맣게 변해 있었어요. 나는 다시는 몰래 밖에 못나가도록 '삐삐'에게 두 손을 들고 벌을 서게 했어요.
> '삐삐'가 저에게 할 말이 있나봐요.

나 할 말 있어요.

1 아기 고양이 삐삐가 왜 밖에 나갔다 왔는지 이야기를 하고 싶나봐요. 무슨 말을 하려고 하는 것일까요?

___

2 여러분이 외출을 할 때에는 꼭 어른에게 알려야 해요. 왜 알려야 하는 것일까요? 그 이유를 두 가지만 찾아 써 보세요.

① ___

② ___

02 엄마! 사랑해요

읽기 교과서 116~119쪽 | 학습 목표: 인물의 말과 행동에 어울리게 읽어 봅시다.

※ 다음 그림을 보고 물음에 답하세요.

내용풀이

* **글의 종류** 동화
* **중심 생각** 부모님의 마음을 헤아려 봅니다.

❶ **직장** : 일을 맡아 하는 곳
❷ **자꾸** : 잇달아서 여러번 끊이지 않고 계속
❸ **시무룩한** : 마음이 못마땅하여 말없이 부루퉁한
❹ **미처** : 아직, 채

유석이의 하루

유석이는 오늘도 혼자 집을 나섰습니다. 유석이 부모님은 아침 일찍 직장에 나가시기 때문입니다. 유석이가 골목을 지나는데 친구 동민이의 목소리가 들렸습니다.

"엄마, 학교 다녀오겠습니다. 참! 오늘 학교에 오실거죠?"

오늘은 어머니들께서 학교에 오시는 날입니다. 그런데 유석이 어머니께서는 오실 수 없습니다.

공부를 하면서도 유석이는 자꾸 창 밖을 내다보았습니다. 친구들 어머니께서는 한 분 두 분 오시는데, 어머니의 모습은 보이지 않았습니다. 동민이는 유석이의 시무룩한 표정을 보고 말을 건넸습니다.

"유석아, 엄마 안 오셨니?"

"응, 우리 엄마는 회사에 가셨어."

"유석이 너는 참 좋겠다. 엄마가 집에 안 계시면 네 마음대로 놀 수 있잖아?"

"아니야, 나는 네가 부러워. 집에 가면 엄마가 늘 계시잖아?"

학교 공부를 마치고 집으로 돌아온 유석이의 발걸음은 무거웠습니다.

그런데 집에 와 보니 책상 위에 쪽지가 놓여 있었습니다. 유석이가 아침에 미처 보지 못하였나 봅니다. 쪽지를 읽고 있는 유석이의 얼굴이 점점 밝아졌습니다.

1 유석이 어머니께서 학교에 오실 수 없는 이유는 무엇인가요?

_____

_____

2 골목길에서 동민이의 말을 들은 유석이의 기분이 어땠을까요?

_____

_____

3 유석이가 창 밖을 자꾸 내다본 이유는 무엇인가요?

① 비가 오기 때문에
② 공부하는 것이 지루했기 때문에
③ 창 밖에 바람이 시원하게 불기 때문에
④ 운동장에서 축구하는 아이들이 부러웠기 때문에
⑤ 혹시 엄마가 학교에 오실지도 모른다는 생각을 했기 때문에

4 엄마가 학교에 오시지 못해 속상한 유석이의 표정을 그림으로 그려 보세요.

5 동민이는 유석이의 어떤 점을 부러워 하였나요?

_____

_____

6 엄마의 쪽지를 본 유석이는 기분이 좋아졌어요. 쪽지에는 뭐라고 쓰여 있었을까요?

_____

_____

나 홀로 집에

1 아침에 눈을 떠보니 나 홀로 집에 남겨졌다면 기분이 어떨까요? 다음 표를 잘 보고, 빈 칸을 채워 보세요.

	부모님과 함께 있을때	나 홀로 집에 있을 때
텔레비전을 보고 싶어요.	숙제는 다 하고 텔레비전 보는 거니?	
배가 고파요.		냉장고의 과일을 먹어요.
밤이 되니까 무서워요.	부모님과 함께 자요.	
옷이 더러워 졌어요.		더러운 옷을 계속 입어야 해요.

2 부모님이 소중한 이유를 말해 보세요.

내 눈으로 보는 교과서 03

매미야! 미안해!

읽기 교과서 124~131쪽 | 학습 목표 : 상황에 따라 인물의 말과 행동이 어떻게 달라지는지 알아보고, 어울리게 읽어 봅니다.

※ 다음 글을 읽고 물음에 답하세요.

내용풀이
* 글의 종류 동화
* 중심 글감 매미
* 중심 생각 불쌍한 동물을 괴롭히지 말자.

낱말풀이
1. 신나게 : 흥이 나서 기분 좋게
2. 더럭 : 한꺼번에 많이
3. 겁 : 무서워하거나 두려워하는 증세
4. 혹시 : 만일에
5. 신바람 : 신이 나서 활발하게 움직이는
6. 고함 : 크게 부르짖는 소리

매미 합창단

더운 여름날, 매미들이 참나무에 앉아 신나게 노래를 부르고 있었습니다.

"맴맴, 매암. 매암, 매애암."

그 때 까치 아주머니가 급하게 날아왔습니다.

㉠ "얘들아, 큰일났다. 마을 개구쟁이들이 너희를 잡으러 오고 있단다."

매미들은 더럭 겁이 났습니다.

"나뭇잎 뒤에 꼭꼭 숨어라. 혹시 아이들에게 잡히더라도 절대 울면 안 된다."

까치 아주머니가 친절하게 말하였습니다. 매미들은 숨을 죽였습니다. 그러나 아이들은 매미를 잘도 찾아냈습니다.

"잡았다, 잡았어!"

매미를 잡은 아이들은 신바람이 나서 놀이터로 갔습니다. 아이들이 매미채에서 매미를 꺼냈습니다.

"매미야, 매미야, 노래를 불러라."

아이들은 고함을 쳐도 매미는 노래를 부르지 않았습니다. 아이들은 매미의 배를 손가락으로 꾹꾹 누르면서 소리를 질렀습니다.

"노래를 부르지 않으면 계속 못살게 굴겠다."

매미는 아파도 꾹 참았습니다. 그 때 은행나무 그늘에 앉아 계시던 은실이 할머니께서 말씀하셨습니다.

㉡ "울지 않는 매미를 잡으면 너희들도 말을 못 하게 된단다."

할머니 말씀에 아이들은 걱정이 되어, 잡았던 매미를 놓아 주었습니다. 그러자 매미들은 나무에 앉아 신나게 노래를 불렀습니다.

"매암, 매암, 매암."

"매미가 우리를 속였구나!"

1 이 이야기 속에 나타난 계절은 언제인가요?

_____

_____

2 까치 아주머니가 말하는 ㉠을 어떻게 읽으면 좋을까요?

① 다급한 목소리로 읽습니다.
② 공손하게 부탁하듯이 읽습니다.
③ 재미있고 신나는 목소리로 읽습니다.
④ 작게 속삭이는 듯한 목소리로 읽습니다.
⑤ 노래를 부르는 듯이 박자에 맞추어 읽습니다.

3 매미를 잡은 아이들의 기분은 어땠을까요?

_____

_____

4 아이들은 왜 잡았던 매미를 놓아주었나요?

_____

_____

5 할머니가 아이들에게 ㉡과 같이 말한 이유는 무엇인가요?

_____

_____

6 여러분도 아이들처럼 곤충을 잡아 본 적이 있나요? 그 경험을 친구들과 이야기해 보세요.

_____

_____

7 동물들도 살고 싶어 하는데 사람들은 동물을 괴롭힐 때가 많아요. 예를 찾아 써 보세요.

_____

_____

※ 다음 그림을 보고 물음에 답하세요.

- 『중앙일보』, 2003.06.18 중에서

1 매미는 땅 속에서 얼마나 지내나요?

2 여러분도 매미의 울음 소리를 들어본 적이 있나요? 매미 소리가 어떤지 말해 보세요.

3 매미는 왜 우는 것일까요?

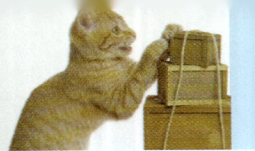

쓰기plus 무엇을 그릴까요?

※ 다음 그림은 코끼리가 지나간 발자국이에요. 코끼리의 발자국을 이용하여 〈보기〉처럼 그림을 그려 보세요.

보기

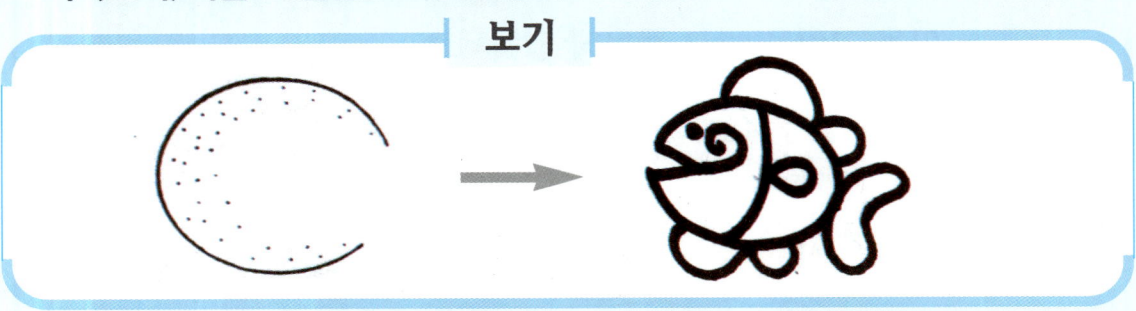

약속은 중요해요

영재클리닉 02

『슬기로운 생활』_ 6단원 「알찬 하루 보람찬 생활」

만약에 이틀 동안 하고 싶은 일을 마음껏 할 수 있다면 무엇을 하고 싶은가요?

교과서 탐구
약속을 할 때는요

약속을 잘 지키려면…

슬기로운생활 교과서 66~79쪽 | 학습 목표 : **시간**과 **약속**의 **소중함**에 대해 알아봅니다.

1 희민이와 승희는 약속을 잘 지킬 수 있을까요?

2 약속을 할 때에는 무엇을 정해야 할지 세 가지만 써 보세요.

3 약속을 왜 지켜야 하는지 친구들과 이야기해 보세요.

Step 01 | 시간이 없어요!

※ 다음 글을 읽고 물음에 답하세요.

무엇을 먼저 해야 하지?

오늘은 친구 수정이가 혜민이네 집에 놀러 오기로 했어요. 그런데 혜민이가 그만 늦잠을 자고 말았어요.

"앗! 큰일이다. 벌써 10시잖아."

혜민이는 수정이가 오기 전에 무엇을 먼저 해야 할지 생각을 해 보았어요.

"수정이가 12시에 온다고 했으니까 그동안 청소하고, 수정이가 좋아하는 과자도 사야 해. 슈퍼는 우리 집에서 5분 거리에 있고, 참! 엄마가 마당에 있는 빨래를 걷어서 장롱에 넣고, 11시 30분까지 고모네 집에 가서 아빠 약 받아오라고 하셨지? 고모네 집에 가는 데 걸리는 시간은 10분이고, 맞다, 씻기도 해야 하는데……."

이렇게 할 일을 정리하고 나니 시간은 벌써 10시 15분이 되었어요.

"아! 시간이 없어. 무엇을 먼저 해야 할까?"

이렇게 고민하고 있는데 밖에는 비가 내리기 시작했답니다.

혜민이는 무엇을 먼저 해야 할까요?

1 혜민이가 무엇을 먼저 해야 할까요? 순서를 정해 써 보세요.

2 혜민이가 1시간 45분 안에 모든 일을 할 수 있도록 여러분이 계획을 세워 혜민이를 도와 주세요.

① 마당에서 빨래를 걷어 장롱에 넣으려면 _____분이 걸려요.

② 청소를 하는데 _____분이 걸려요.

③ 슈퍼에 갔다오는 데는 _____분이 걸려요.

④ 깨끗하게 씻으려면 _____분이 걸려요.

⑤ 고모네 집에 갔다 오는 데는 _____분이 걸려요.

3 여러분이 계획한 시간이 부족하지 않았나요? 혹시 시간이 남았나요? 친구들과 이야기해 보세요.

4 여러분은 약속을 잘 지키는 편인가요? 약속이 왜 중요한지 두 가지만 써 보세요.

약속은 중요해요. 왜냐하면

첫째 _____

둘째 _____

Step 02 시간을 잘 활용해요

※ 다음 그림을 보고 물음에 답하세요.

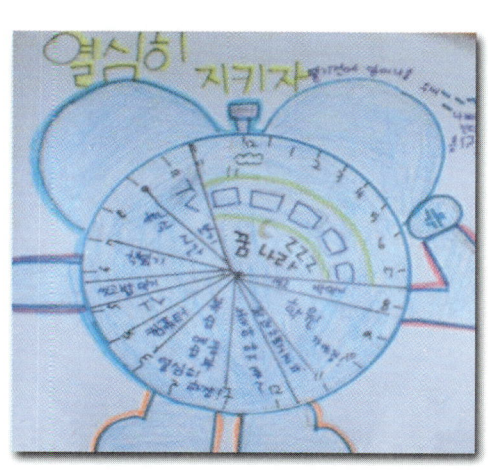
〈형석이의 생활 계획표〉

〈소영이의 생활 계획표〉

1 두 생활 계획표를 보고, 시간을 잘 활용하여 쓴 사람은 누구인가요?

2 왜 그렇게 생각하는지 이유를 써 보세요.

※ 나의 생활 계획표를 만들려고 해요. 무엇을 해야 할지 생각해 보세요.

3 하루 동안 꼭 해야 하는 일들을 써 보고, 생활 계획표를 만들어 보세요.

내가 오늘 하루 동안 해야 하는 일은요!

영재 plus 하루가 소중해요

※ 다음 글을 읽고 물음에 답하세요.

상민이와 하루살이

오늘도 상민이는 학교에서 돌아와 하루 종일 컴퓨터 앞에 앉아 게임을 했어요. 학원도 안 가고, 점심도 안 먹고 말이에요.

게임을 하던 상민이는 팔이 아파서 잠시 쉬기로 했어요. 침대에 누운 상민이는 잠이 들었어요.

상민이는 꿈속에서도 컴퓨터 게임을 하고 있는 꿈을 꾸었어요. 게임에서 신나게 이기고 있는 중이었어요. 그때 어디선가 상민이를 부르는 소리가 들렸어요.

"상민아! 상민아! 여기 좀 봐!"

"여기야! 여기!"

컴퓨터의 모니터 앞에서 소리가 들렸어요. 아주 작은 곤충이 상민이에게 말을 거는 거예요. 상민이는 깜짝 놀라 말했어요.

"하루살이가 말을 하네?"

"지나가다가 궁금해서 와 봤어. 너 뭐 하고 있니?"

"나? 보면 몰라? 컴퓨터 게임하고 있잖아."

"컴퓨터 게임이 뭐야?"

"바보! 그것도 몰라? 컴퓨터로 하는 거야. 하긴 넌 하루살이니까 이런 것 해 본적이 없겠구나."

"아이씨! 네가 말 걸어서 졌잖아. 거의 다 이겼었는데……."

"미안해. 내가 너의 중요한 일을 망쳤나보구나."

"하하하! 중요한 일? 아니야. 이건 그냥 노는 거야."

"노는 거라고? 그런데 이렇게 하루 종일 해? 이렇게 놀기만 하면 나도 열심히 해야지!

엄마한테 안 혼나?"
"혼나지. 학원도 안 가고, 숙제도 안 하고 게임만 하고 있는데, 그래도 뭐 나중에 하면 돼."
"나중에? 우아! 지금도 늦은 시간인데 언제? 넌 시간이 많아서 참 좋겠다. 하루살이인 나는 정말 상상할 수 없는 일이야."
"왜? 너도 내일 하면 되지."
"내일? 나에겐 내일이 없잖아. 하루밖에 못 산다고 이름이 하루살이라는 것 몰랐니?"
"미안해. 정말 몰랐어."
"아니야. 괜찮아. 하루뿐이지만 난 너처럼 시간을 헛되게 보내지는 않았으니까. 그런데 만약 내가 너처럼 시간이 많다면 이렇게 있지는 않을텐데……. 위이잉"
"상민아! 상민아!"
그때 상민이를 부르는 엄마의 목소리가 들렸어요. 잠에서 깬 상민이는 하루살이의 말이 머리 속에서 계속 들리는 것 같았어요.

1 상민이는 하루살이의 어떤 말이 들리는 것 같았을까요?

2 다음 날 상민이의 생활은 어떻게 달라졌을까요?

3 하루하루를 왜 소중히 생각해야 하는지 친구들과 이야기해 보세요.

쉿! 그 뒷 이야기는 말이야…

『쓰기』_ 다섯째 마당 「상상의 나라로 떠나요.」

곰돌이와 곰순이가 왜 이러고 있는 것일까요?
상상해서 써 보세요.

그리하여 생쥐는……

쓰기 | 교과서 86~95쪽 | 학습 목표: 이어질 내용을 상상하여 재미있게 꾸며본다.

※ 다음 글을 읽고 물음에 답하세요.

내 꼬리를 돌려 주세요

고양이와 쥐가 밀가루 창고에서 마주쳤습니다.
　　고양이는 날쌔게 쥐의 꼬리를 잡아챘습니다.
　　"고양이님, 제발 제 꼬리를 돌려 주세요."
"안돼! 암소에게 가서 우유를 받아 오지 않으면 꼬리를 돌려 주지 않겠어."
쥐는 단숨에 암소에게 뛰어갔습니다.
"암소 아주머니, 우유 좀 주세요. 우유를 가져다 주지 않으면 고양이가 제 꼬리를 돌려 주지 않는대요."
"안돼! 농부에게 가서 마른 풀을 얻어 오지 않으면 우유를 줄 수 없어."
쥐는 할 수 없이 농부에게 뛰어갔습니다.
"농부 아저씨, 마른 풀을 좀 주세요. 암소에게 마른 풀을 가져다 주지 않으면 고양이에게서 제 꼬리를 돌려 받을 수 없어요."
"안돼! 정육점에 가서 고기를 얻어 와야 해. 그렇지 않으면 마른 풀을 줄 수 없어."
그래서 쥐는 정육점으로 달려갔습니다.

1 고양이가 쥐에게 가지고 오라고 한 것은 무엇인가요?

① 고기　　② 과자　　③ 우유　　④ 밀가루　　⑤ 마른 풀

2 쥐가 꼬리를 찾기 위해 만난 동물과 사람을 순서대로 써 보세요.

(　　　　　) → (　　　　　) → (　　　　　)

3 정육점으로 달려간 쥐에게 어떤 일이 일어날까요? 쥐에게 좋은 일이 일어날 수 있도록 이야기를 꾸며 보세요.

아저씨, 고기 좀 주세요. 농부 아저씨에게 고기를 가져다 주지 않으면 고양이에게 제 꼬리를 돌려 받을 수 없어요.

얘들아, 나도 같이 놀자!

※ 다음 그림을 보고 물음에 답하세요.

1 이 그림을 보고 어떤 이야기인지 상상해서 써 보세요.

① _____

② _____

③ _____

④ _____

2 아기 코끼리가 친구들과 함께 놀 수 있는 방법은 없을까요? 아기 코끼리가 친구들과 함께 놀 수 있도록 ㉠에 들어갈 방법을 가르쳐 주세요.

아기 코끼리가 친구들과 함께 놀 수 있으려면

3 2번에서 코끼리가 할 수 있는 방법을 그림으로 그려 보세요.

내가 제일 재미 있었던 것은?

※ 다음 글과 그림을 보고 물음에 답하세요.

『마법의 양탄자』를 읽고……

　알라딘의 마법의 양탄자처럼 …….
　마법의 가루를 양탄자에 쭈루루룩~ 깔아놓고 양탄자를 타고 하늘 높이 하늘 더 높이 세계일주 여행을 한다면 얼마나 좋을까?
　내가 만약 마법의 양탄자를 가진다면 우선 먼저 부모님과 함께 달에 여행을 가고 싶다.
　우리 집의 양탄자도 날까? 날면 소원이 없겠는데…….

1 이 일기를 쓴 아이는 『마법의 양탄자』를 읽고 어떤 것이 제일 기억에 남았나요?

난 미운 오리 새끼가 좋아!

2 여러분이 가장 기억에 남는 동화책은 무엇인가요? 그 동화책을 떠올려 보고, 물음에 답하세요.

① 동화책의 제목은 무엇인가요?

② 이야기 속에는 누가 나오나요?

3 이야기 속에서 가장 기억에 남는 사람은 누구인가요? 왜 기억에 남는지 이유와 함께 써 보세요.

저는 _____ 이(가) 제일 좋아요.

왜냐하면 _____

4 이야기 속에서 가장 기억에 남는 장면은 무엇인가요?

이것 봐! 재미있지?

※ 이야기 속에서 가장 기억에 남는 내용을 그림으로 그려 친구들에게 보여주려고 해요. 제일 기억에 남는 장면을 그려 보세요.

논술plus | 기린처럼 되고 싶어요!

※ 다음 글을 읽고 물음에 답하세요.

나도 크고 싶어!

동물의 왕인 사자는 자신이 제일 용감하고 멋있다고 생각했어요. 오늘도 사자는 나무 그늘에 누워 낮잠을 자고 있었답니다.

그때 기린이 나타나 사자에게 말했어요.

"사자야! 일어나봐. 빨리"

"누구야! 날 깨우는 게."

잠에서 깬 사자는 자신을 깨운 동물이 누구인지 궁금해 졌어요. 그런데 얼굴은 안 보이고, 긴 다리만 보이는 거예요.

"난 기린이라고 해. 지금 내가 밥을 먹어야 하는데 좀 비켜줄래?"

사자를 목소리는 들리는데 도대체 어디에서 들리는지 찾을 수가 없었어요.

"야! 넌 도대체 얼굴이 어디야?"

"여기야. 위를 보라구."

㉠ 위를 쳐다본 사자는 기린을 보고 놀랐어요.

1 ㉠ 사자는 기린을 보고 왜 놀랐을까요?

사자가 놀란 이유는요!

_____

_____

나도 크고 싶어!

2 기린을 보고 놀란 사자는 기린처럼 되고 싶었어요. 다음 사진속의 사자처럼 될 수 있도록 여러분의 상상력을 동원하여 이야기를 꾸며 보세요.

기린처럼 되고 싶었던 사자는 ……